AF227061

DU NOUVEAU

MINISTÈRE,

ET DU

REFUS DE L'IMPÔT.

Cet Ouvrage se trouve aussi :

à PARIS, *chez* { Edouard BRICON, libraire, rue du Pot-de-fer, n.° 4.
RUSAND, libraire, même rue, n.° 8.

à BORDEAUX, *chez* GASSIOT, libraire.

à DIJON, *chez* POPELAIN, libraire.

à LILLE, *chez* LEFORT, imprimeur-libraire.

à LYON, *chez* RUSAND, imprimeur-libraire.

à MONTPELLIER, *chez* Auguste SEGUIN, libraire.

à NANTES, *chez* JUQUET-BUSSEUIL, libraire.

à ROUEN, *chez* FLEURY, libraire.

à TOULOUSE, *chez* F. VIEUSSEUX, imprimeur-libraire.

Ouvrages du même Auteur.

De l'Unité Catholique, ou nouveaux développemens apologétiques de la Religion. 2 vol. in-8. 1829. 10 fr.

Droits Constitutionnels des Évêques de France, et véritables Libertés de l'Église Gallicane. in-8. 1828. 2 fr.

DU NOUVEAU

MINISTÈRE,

ET DU

REFUS DE L'IMPÔT.

Par P. L. BOUSSOT, ancien Avocat.

AVIGNON,

SEGUIN AINÉ, IMPRIMEUR-LIBRAIRE.

1829.

DU
NOUVEAU MINISTÈRE,
ET DU
REFUS DE L'IMPÔT.

----♦----

« La Patrie est en danger, la Contre-révolution s'opère (1), l'Émigration et la Vendée s'emparent du pouvoir (2) ; mais tout n'est pas perdu : la majorité des Chambres n'est pas monarchique, il y aura des Hampdens qui résisteront (3), des baïonnettes intelligentes qui n'obéiront pas. Après une crise qui sera de courte durée, la Chambre des Députés sera reconnue sans contradiction comme souveraine (4). Elle usera du droit qu'elle a de rejeter le Budget, à moins qu'on ne gouverne à sa fantaisie ; et jamais on ne gouvernera comme elle l'entend, ou comme l'entendent pour elle ses orateurs de l'extrême Gauche, à moins que Ministres, Généraux, Amiraux, Préfets,

Magistrats , n'en soient les très-obéissans ser-
viteurs. Si le ROI s'obstine à les choisir et
à les conserver contre le gré de la Chambre
souveraine , malheur à lui (5) ! Malgré qu'il
soit le Chef suprême de l'État , il n'a aucun
moyen de se faire obéir, à moins que le vote
de l'impôt ne mette en ses mains l'argent à
distribuer. En vertu de l'article 48 de la
Charte , il ne pourra conserver sa Couronne,
qu'en chassant loin de lui ses sujets les plus
dévoués, pour se mettre à la discrétion de ses
ennemis les plus cruels. C'est ainsi que la Patrie
sera sauvée (6), que la Révolution triomphera
par le moyen de la Charte destinée à la tuer ;
qu'elle fera de Paris la Capitale de son vaste
empire, et qu'après avoir remis la France sous
son joug de fer elle recommencera le tour du
globe. »

Telles sont en résumé les clameurs dont nous
assourdissent les organes du Libéralisme ; telles
sont les sinistres prophéties à l'aide desquelles
ils essaient de ressusciter le fanatisme révolutionnaire. Vains efforts ! Les écrivains qui se
donnent la mission de former l'opinion publique, et de la diriger en lui servant d'interprè-
tes, n'ont pu surmonter la force d'inertie que
leur oppose le bon sens du peuple. Des provo-
cations ils passeraient aux actes , pour peu

qu'on les laissât faire. Le Prince de la Révolution, le Roi des Fédérés, se promène, et visite le château de Vizille d'où partit l'étincelle électrique; les organes du Libéralisme tentent de former une Association bretonne, en annonçant qu'elle est déjà formée ; et comptant sur cet instinct d'imitation qui entraîne les masses populaires, ils espèrent qu'on répondra incessamment à cet appel à la révolte, en les mettant en état d'annoncer qu'il s'est formé aussi une Association dauphinoise, une Association marseillaise, une Association lyonnaise, et bientôt une Fédération de toutes les gardes nationales de France, portant sur des drapeaux tricolores cette redoutable sentence : *L'insurrection est le plus saint des devoirs.*

Pour eux, ce n'est pas un objet digne d'être pris en considération, que la perte de plusieurs milliards de capitaux, que la destruction de dix millions d'hommes. On les trouvera toujours prêts à rallumer l'incendie révolutionnaire, parce qu'il faut, n'importe à quel prix, qu'ils fassent triompher le principe de la souveraineté du peuple. C'est pour l'honneur de ce principe, et parce que Louis XVIII n'avait pas accepté la Couronne de la main du Sénat conservateur, prétendu représentant du peuple souverain, qu'en 1815 ils rappelèrent *l'homme* de l'île d'Elbe , et qu'ils allèrent mendier auprès des Souverains alliés un Roi qui ne fût pas Français, qui ne fût pas un Bourbon. C'est encore pour l'honneur de ce principe , et parce qu'ils savent bien qu'avec le Ministère actuel il n'y a aucun moyen de l'introduire dans notre Droit public , qu'ils semblent ne suivre , dans leurs écrits et dans leurs actions, que l'impulsion d'une rage effrénée , que les conseils d'une haine capable de tout tenter par désespoir.

Cependant la Nation reste calme. La presque totalité des Français, n'aspirant qu'à jouir en paix de son patrimoine ou de son industrie , demande avant tout, à ceux qui gouvernent, la sécurité.

La sécurité : voilà certainement le vœu national : non le vœu des rédacteurs et des lecteurs de quelques feuilles que remplissent des injures, des calomnies et des suppositions absurdes ; non celui de quelques habitués de théâtre ou de quelques piliers de cafés ; mais celui de presque toute la population des campagnes, et celui de tous les habitans des villes grandes et petites , qui s'occupent de leurs affaires domestiques, de leur commerce, ou de leur métier.

Mais la sécurité ne peut exister avec la Révolution. L'apparition des Hampdens et des Cromwells la ferait disparaître : la souveraineté de la Chambre élective la bannirait pour toujours. L'anarchie la remplacerait, s'il n'y avait d'autre force publique que des *baïonnettes intelligentes et désobéissantes.*

Il faut, pour qu'il y ait sécurité, que le ROI soit de fait comme de droit Chef suprême de l'État. Il faut de plus, pour qu'elle soit parfaite, que les Ministres du ROI soient doués d'un caractère ferme et décidé, qu'ils professent les saines doctrines, et qu'ils se dirigent par les mêmes principes.

La sécurité naît de la confiance. Mais le vulgaire ne donne sa confiance à ceux qui gouvernent, qu'autant que ce sont des hommes forts. Dans la force résident la grandeur d'ame, la résolution, la patience, la persévérance et la modération ; et ce sont ces vertus qui entraînent le vulgaire. L'Orateur romain en avait fait avant nous la remarque (*), et, plus que jamais, l'expérience de nos jours la confirme.

Si la Restauration de 1815 n'a pas produit une sécurité pleine et entière ; si le rétablissement de la Monarchie n'a pas fait rentrer tout le monde dans l'ordre ; si depuis quelques années l'irritation s'est emparée de tous les esprits

______

(*) *Cicer. De invent.* ii. 54. *Tuscul.* iii. 8. *etc. etc.*

qui s'occupent de politique, de sorte qu'une agitation sourde, un mal-aise indéfinissable ne cesse de travailler la Nation ; la cause en est dans la faiblesse des divers Ministères qui se sont succédés, et dans le défaut de principes fixes chez la plupart des Ministres.

On sait qu'il n'y a eu aucun des membres de ces nombreux Ministères qui ait eu la confiance de vaincre la Révolution, qui ait osé avouer sans aucune sorte de restriction les principes monarchiques ; on sait que chacun d'eux a tenté d'introduire son tiers-parti, se défendant et cherchant à se créer une majorité par des déguisemens, des subterfuges, des intrigues, des subtilités, des demi-concessions. Ce n'est donc pas merveille que l'autorité paternelle du ROI n'ait pu s'affermir, que notre nouvelle forme de Gouvernement ait tendu de plus en plus à la Démocratie. La tactique ministérielle, trop semblable à la politique de Cathérine de Médicis, a dû amener des résultats analogues.

Et certes, en disant cela, notre dessein n'est pas d'accuser les intentions d'aucun des Conseillers de la Couronne qui se sont succédés depuis 1815 jusqu'à présent. Nous reconnaissons volontiers qu'ils ont eu les uns et les autres le désir d'opérer le bien politique. Nous disons seulement, que, trompés par l'autorité de

Montesquieu qui place le bien politique entre deux limites, ils ont cru mal-à-propos qu'il fallait pour l'opérer se tenir à égale distance de la Droite et de la Gauche.

De là cette titubation perpétuelle, quand il eût fallu parler avec clarté, agir avec franchise; de là ces oscillations, ces mouvemens de bascule, quand on était poussé vers la Droite ou vers la Gauche par les événemens ; de là enfin cette tendance à l'anarchie, à laquelle nous marchions, ainsi qu'un Ministre du ROI l'a déclaré dans la dernière Session des Chambres.

Mais puisque *nous marchions à l'anarchie*, le ROI devait nous faire rebrousser chemin, nous ramener dans les voies de l'ordre. Il le devait sous peine de perdre sa Couronne ; sous peine d'exposer ses sujets à être dépouillés, par la Démocratie ou par le Despotisme, des droits et libertés qu'ils tiennent de la munificence royale et qu'il n'appartient qu'au sceptre du Souverain légitime de leur garantir.

Le Chef suprême de l'État a fait usage d'une de ses prérogatives constitutionnelles pour arrêter le mouvement accéléré qui nous menait à l'anarchie. De là les clameurs, de là les accès de rage de ceux qui nous y faisaient marcher. Aussi n'ont-ils aucune raison plausible à alléguer. Car ils ne sont fondés ni à contester au ROI le droit de changer ses Ministres, ni à prétendre qu'il n'y avait pas un devoir impérieux de les changer pour maintenir la Charte, en arrêtant les empiétemens d'une puissance inconstitutionnelle, celle d'une sorte de *Tribunat* qui se formait dans la Chambre des Députés, et qui déjà se rendait redoutable, puisqu'elle parlait avec menace, et qu'elle dictait ses volontés aux Conseillers de la Couronne.

Mais en renouvelant le Ministère, le ROI, maître assurément de choisir à Gauche, au Centre, aussi bien qu'à Droite, ne pouvait pourtant, dans la situation actuelle des choses, investir de sa confiance que les sommités de ce dernier côté ; parce qu'ainsi le lui prescrivait la droite raison.

Tous les actes de la puissance royale ont pour but essentiel, nécessaire, le maintien de la sécurité tant du ROI et des membres de sa Dynastie, que de ses sujets ; et ce but, il eût été impossible de l'atteindre, en tirant le Ministère de l'extrême Gauche.

Un tel événement, s'il fût advenu, n'aurait mis aucun des gérans responsables des Journaux plus ou moins anti-monarchiques dans le cas de comparaître en police correctionnelle ; cela est vrai. Mais quoique le changement en ce sens n'eût pas été moins complet que celui qui s'est opéré dans le Ministère , et qu'ainsi le *Constitutionnel*, le *Courrier*, le *Commerce* , et les *Débats* eussent été dans la jubilation ; l'on ne peut dire que leur approbation donnée à l'exercice de la prérogative royale eût produit la sécurité. Au contraire, leurs applaudissemens , les cris de joie, partis du camp des Libéraux, eussent causé le désespoir des Royalistes , et fait descendre dans tous les cœurs Français la stupeur et l'effroi.

Si le ROI eût choisi parmi les hommes du Centre , ou qu'il eût tenté une fusion de la Droite avec la Gauche , la sécurité n'eût pas reparu davantage. En changeant de visages, nous fussions restés *in statu quo ;* c'est-à-dire, que nous eussions continué de *marcher à l'anarchie.*

Il fallait donc, pour rentrer dans les voies de l'ordre, pour mettre fin à ce mal-aise indéfinissable qui travaille la Nation , en un mot, pour ramener la sécnrité et nous en faire jouir , se tourner vers les hommes de l'extrême Droite. La sagesse du ROI l'a compris , et voilà le motif des ordonnances du 9 Août.

Ces ordonnances contiennent donc le germe d'une Restauration nouvelle.

Elles décèlent, dans le pouvoir royal, le gage le plus efficace de la sécurité publique , en prouvant qu'il suffit au ROI d'exercer l'une de ses prérogatives constitutionnelles, pour arrêter la marche vers l'anarchie, pour empêcher le vaisseau de l'État de se briser sur les écueils, et paralyser les efforts de tous les vents déchaînés contre lui pour l'y précipiter. Nous savons par elles, que, quelque violentes que soient les tempêtes politiques, il dépend toujours du Monarque de les apaiser quand il le juge nécessaire, soit en changeant de Ministres, soit en prononçant la dissolution de la Chambre des Députés, soit en ordonnant la clôture d'une Session législative.

L'exercice de ce pouvoir tutélaire a déjà procuré deux grands biens : il a mis fin à la distinction malheureuse mais trop réelle qu'une politique erronée et mesquine avait établie entre les Royalistes et les Ministériels ; il a ranimé l'espérance dans le cœur des Royalistes, en y réchauffant pour long-temps ces sentimens d'amour, cet enthousiasme de dévouement qui ne connaît aucun péril ni aucun sacrifice au-dessus de ce que prescrit la fidélité au ROI.

Il s'agit maintenant de développer le germe de cette Restauration nouvelle, et c'est la tâche glorieuse imposée au nouveau Ministère. Celle des Écrivains royalistes consiste à les seconder, soit en aplanissant les voies, soit en luttant contre les obstacles.

Il y a lieu de croire et d'espérer que le nouveau Ministère ne se dissimulera point ce qu'on s'est dissimulé trop long-temps. Il saura se dire, une fois pour toutes, que les extrémités de Gauche et de Droite se dirigeant dans des systèmes incompatibles, adoptant des principes antagonistes, marchant sur deux lignes parallèles mais opposées, ne circonscrivent rien, n'ont de moyen terme commun sur rien; que ce que l'une affirme est identiquement ce que l'autre nie; et qu'ainsi la prétention de les concilier est aussi absurde que la tentative de mettre quelque chose entre le oui et le non.

Mais puisqu'il ne peut y avoir entre ces deux partis ni paix ni trève, nul doute que la guerre ouverte ne soit préférable aux hostilités clandestines, et que le Ministère de Droite n'aie plus de chances de succès dans un combat franc et loyal. Toutefois, et il importe de ne pas s'y méprendre, le vœu national ne sera complétement satisfait, la sécurité ne pourra être entière, tant que la victoire pourra être disputée; et elle pourra l'être pendant un certain temps. L'impatience et la précipitation, loin de nous en faire jouir plutôt, seraient propres à la compromettre.

Tant que les Chambres ne seront pas assemblées, tant que le Discours du Trône et les

Adresses qui doivent le suivre ne seront pas connus, il y aura dans les esprits qui n'ont pas encore pris leur résolution, incertitude, hésitation, défaut de sécurité dans l'avenir. C'est un passage inévitable à un meilleur état. Une crise, et même une crise dans laquelle l'État pourrait périr, est l'introduction obligée de toute Restauration politique; de même qu'une crise dans laquelle le malade pourrait succomber, est l'introduction obligée de la santé quand elle a été grièvement altérée.

Des crises épouvantables, pendant lesquelles on a pu craindre que la France cessât d'être une grande nation, précédèrent la Restauration de 1814, et celle de 1815; et bien certainement il n'y avait sécurité pour personne dans les premiers mois de 1814, et pendant les cent jours de 1815. A ces deux époques récentes, qu'est-ce qui sauva la France? La présence du ROI, la fidélité au ROI. Le cri français *Vive le ROI!* nous préserva d'un déluge de malheurs. Il en sera de même aujourd'hui et toujours. *Vive le ROI!* c'est l'expression de la reconnaissance et de l'amour (*); c'est la confiance dans les périls,

(*) L'honorable M. Dupin, défendant le Journal *des Débats* devant le Tribunal correctionnel, a prétendu que nous n'étions pas tenus d'aimer le ROI, vu qu'il ne nous est commandé que de l'honorer. Il a cité en preuve de son assertion ce précepte : *Deum timete, Regem honorificate.* Mais à ce compte, il faudrait dire aussi

c'est la victoire dans les combats, c'est le salut dans la détresse.

Ce cri retentira dans l'enceinte où le Monarque viendra communiquer ses intentions et faire connaître ses volontés aux Chambres assemblées. Il y servira de ralliement aux Pairs fidèles, aux bons et loyaux Députés. Quel est alors le Pair ou le Député connu par ses principes monarchiques, par une vie sans tache et par des véritables services rendus à l'État, qui refuserait de proférer ce cri, ou qui, après l'avoir proféré, prendrait place dans les rangs de l'Opposition?

L'Opposition, (puisqu'il est, dit-on, de l'essence du gouvernement représentatif qu'il y en ait une;) l'Opposition pourra se composer de quelques têtes à principes insurrectionnels, de quelques cœurs à répugnances, de quelques mains dévouées au despotisme du soldat heureux, de quelques langues impitoyablement bavardes. Elle pourra se recruter parmi des

que nous pouvons nous dispenser d'aimer notre père et notre mère, puisque le Décalogue porte seulement : *Honora patrem tuum et matrem tuam.* Ce n'est pas la première fois que M. Dupin n'est pas heureux dans ses citations de l'Écriture. Il doit sans doute y avoir lu qu'il nous est commandé d'aimer notre prochain, d'aimer jusqu'à nos ennemis, et de faire du bien à ceux qui nous persécutent. Pourquoi donc citer les préceptes évangéliques pour soutenir qu'on n'est pas obligé d'aimer le ROI, c'est-à-dire, le père de la grande famille, le bienfaiteur de tous, le seul être qui ne puisse mal faire? Penserait-il que la Bible est devenue le code de la haine ou de l'indifférence, depuis le système représentatif?

Libéraux qui ne pensent qu'à faire entrer les écus dans leurs coffres ; parmi des Philantropes qui voudraient être chargés de nourrir le pauvre peuple avec des soupes économiques ; parmi des Industriels dont les sublimes inventions mécaniques aboutiront à laisser sans travail la plupart de nos artisans ; parmi les ennemis déclarés du Christianisme , ou enfin, parmi cette singulière espèce de Catholiques dont la manie est de vouloir passer pour tels , malgré qu'ils fassent profession ouverte de haine contre le Saint-Siége et contre l'Épiscopat. Mais en dépit des éloges que certains Journaux ont prodigués aux choix des dernières assemblées , l'Opposition , formée de pareils élémens , sera-t-elle la majorité ? Il paraît que non, puisque les organes de la Faction libérale feignent de craindre que bon nombre de Députés ne se laissent corrompre ; et qu'ils se proposent de classer désormais les élus des Colléges électoraux, en *corrompus* , et en *incorruptibles.*

Cette dénomination n'est pas très-heureusement choisie pour leur dessein, puisqu'elle est propre à nous rappeler ce temps d'horrible mémoire pendant lequel l'*incorruptible Roberspierre* envoyait à l'échafaud l'*incorruptible Pétion* ; mais toute mal choisie qu'elle est, elle est propre à nous démontrer que , même dans l'opinion de nos ennemis, il n'y aura et ne pourra y avoir que deux partis dans les Chambres, la Droite et la Gauche.

Il est évident d'ailleurs, qu'avec un Ministère disposé à tenir les rênes du Gouvernement d'une main ferme et assurée, il ne saurait y avoir de Centre gauche ni de Centre droit, ni moins encore des coteries flottantes entre la Gauche et la Droite. Ce n'est que sous un Ministère faible et disposé à faire des concessions, que les opinions se partagent, et forment des nuances sans nombre; qu'il peut y avoir de l'avantage à jouer le rôle d'*important.* Sous un Ministère inflexible et bien résolu à ne pas dévier de ses principes, un pareil rôle ne serait que ridicule.

Voici donc, d'un côté, les Ministres investis de la confiance du ROI ; de l'autre, une classe d'hommes dont les précédens ne permettent guère de les compter au nombre des partisans de la Monarchie légitime. Les irrésolus, les hommes à nuances délicates, ont à opter entre ces deux côtés. Il faut qu'ils se déclarent, et de leur choix dépendra jusqu'à un certain point la sécurité de leurs concitoyens.

Nous concédons sans peine que leur vote influera plus que jamais sur les destinées de la France ; mais nous ne concevons pas qu'un homme sage, qu'un homme d'honneur et ami de son pays , voulût avoir à se reprocher les fatales et tristes conséquences d'un vote donné sans consulter autre chose qu'une antipathie personnelle. Un bon et loyal Député , parce qu'il n'aimera pas tel ou tel Ministre , ne compromettra point le sort de la Dynastie régnante, n'exposera point à périr nos institutions , ne brisera point, en tant qu'il dépend de lui, le lien politique , en mettant le Chef de l'État dans l'impuissance de pourvoir aux divers services publics. Il est des circonstances graves et solennelles qui ne permettent pas d'écouter ses préventions ni ses ressentimens ; qui commandent impérieusement de sacrifier à la Patrie son amour-propre déçu dans ses espérances , sous peine de passer aux yeux de l'Histoire pour des Coriolans ou des Catilinas.

Ce sont pourtant des Coriolans et des Catilinas , des Hampdens et des Cromwells , dont la faction libérale provoque l'apparition parmi nous , et qu'elle espère de voir se montrer dans les Chambres. Aussi a-t-elle prédit que la Chambre des Députés rejetterait toutes les propositions qui lui seraient portées par le Ministère actuel, et surtout qu'elle ne voterait pas le Budget.

Il est douteux que la Chambre des Députés ait le droit de ne pas voter l'impôt.

L'article 47 de la Charte dit uniquement,

que la proposition doit lui en être portée préalablement ; et l'article 48 ne décide autre chose, sinon qu'aucun impôt ne peut être établi ni perçu, s'il n'a été consenti par les deux Chambres et *sanctionné par le ROI.*

Ces articles ont évidemment pour objet de garantir les citoyens contre les taxes illégales qu'il plairait aux agens du Pouvoir de leur imposer, outre et par-dessus la contribution que les trois Pouvoirs législatifs auraient jugé nécessaire de leur imposer pour faire face aux besoins de l'État. En tirer toute autre conséquence, c'est supposer bien gratuitement que l'Auteur de la Charte y a inséré sciemment une disposition qui tendrait continuellement à la ruine du Gouvernement qu'il a fondé et qu'il était dans son intention de rendre durable à jamais.

Car si l'on prétend qu'en vertu de cet article, les Chambres ont le droit de ne pas consentir l'impôt, et que chaque Chambre peut user de ce droit indépendamment des autres Pouvoirs constitués ; il faut qu'on reconnaisse aussi que le ROI, que ses Ministres en son nom, ont le droit de ne pas sanctionner l'impôt après qu'il a été consenti.

Or cela revient exactement, dans la pratique, à dire que chacun des trois Pouvoirs liés par la Charte et unis pour former le Gouvernement du

ROI, a le droit de se délier, et de délier les autres Pouvoirs ; le droit de rompre l'union des trois Pouvoirs, et de rendre impossible la forme de Gouvernement instituée par la Charte. C'est, en d'autres termes, prétendre que la Chambre des Députés, que la Chambre des Pairs, que le ROI ou ses Ministres, peuvent, chacun à part et en dépit les uns des autres, abolir le Gouvernement constitutionnel et donner la mort à l'État constitué par la Charte.

Les Constitutionnels y penseront. C'est à eux de voir ce qu'ils auraient à gagner, si, par le fait du refus de l'impôt dont ils ont menacé les Ministres, ils abolissaient le Gouvernement constitutionnel.

Quant à nous, il nous est si agréable de pouvoir une fois abonder dans leur sens, que nous n'hésitons pas à entrer dans la position dans laquelle ils se flattent de mettre le Gouvernement du ROI. Nous allons raisonner dans la supposition que, non-seulement la Chambre élective a le droit de rejeter en masse la proposition d'impôt ; mais encore, que cette supposition dont ils nous menacent s'est, grace à leurs intrigues, changée en réalité.

Nous pensons que, même dans cette hypothèse, le Gouvernement du ROI n'aurait nullement besoin de sortir des voies constitutionnelles et de recourir aux coups d'État ; et nous disons, la Charte à la main, qu'après le rejet de l'impôt, il appartiendrait au ROI de renvoyer ses Ministres, ou de dissoudre la Chambre des Députés.

En renvoyant, dans une telle occurrence, ses Ministres, le ROI ne ferait qu'ajourner pour un peu de temps les projets de ceux qui veulent à toute force lui ravir la puissance souveraine, pour, en la plaçant dans la Chambre élective, en disposer comme de leur proie.

Il n'est personne qui ne sache qu'en agissant ainsi, le ROI centuplerait la force des factieux avec lesquels il aurait paru craindre de se mesurer.

Il n'y a ni Royaliste ni Libéral qui n'avoue qu'en renvoyant, soit avant l'ouverture des Chambres et de peur du refus du Budget, soit après que la Chambre élective aurait rejeté la proposition d'impôt, le Ministère actuel, pour en former un autre dans un sens diamétralement opposé, ou mixte, le ROI découragerait pour toujours les défenseurs de la Monarchie, qui le verraient céder la victoire avant d'avoir combattu.

Ces considérations sont assez puissantes pour nous donner lieu de penser qu'une pareille résolution n'entrera jamais dans le cœur magnanime de CHARLES X.

Il faudra donc, s'il y a refus de l'impôt, que le Gouvernement se décide à dissoudre la Chambre des Députés. Mais puisque nous soutenons qu'il n'aura nul besoin de s'écarter de la marche constitutionnelle, nous ajoutons qu'il aura le devoir d'en convoquer une nouvelle dans les trois mois.

Celle-ci sera-t-elle dans les mêmes dispositions que la précédente? Grande question, qu'aurait à résoudre le bon sens des membres des Colléges électoraux.

Si l'amour de la sécurité, si le vieil attachement pour la Monarchie, ce sentiment si éminemment français qu'il semble tissu avec toutes les fibres de nos cœurs, dirigeaient seuls les votes électoraux, il n'y a pas de doute qu'après une Chambre qui se serait déclarée factieuse et félonne en rejetant en masse la proposition d'impôt, nous aurions une nouvelle Chambre généralement composée d'hommes sages et bien disposés à servir leur pays. Mais nous ne pouvons nous dissimuler que la longueur du temps pendant lequel on a laissé corrompre l'esprit public en favorisant les ennemis de la Monarchie et en abreuvant de dégoûts ses amis, que l'influence des Journaux du Libéralisme et les intrigues des Comités directeurs, donnent lieu de craindre que cette nouvelle Chambre ne serait à la Chambre actuelle, ce que la Convention fut à l'Assemblée dite Législative. Nous ne craignons pas d'envisager le mal dans sa plus grande intensité possible, et c'est à raison de cela que nous savons qu'il ne saurait jamais devenir mortel, ni même être bien dangereux, puisqu'il porte avec soi son remède.

Supposons donc, pour abréger, que la Faction libérale obtiendrait dans tous les Colléges électoraux plein et entier succès. C'est, nous le savons bien, lui concéder l'impossible ; aussi ne nous arrêterons-nous pas à considérer si cette nouvelle Chambre rejetterait l'impôt, ou l'adopterait.

Nous nous bornons à répondre, (et nous prions nos lecteurs, quels qu'ils puissent être, de remarquer que nous n'empruntons rien à une langue qui ne serait pas constitutionnelle ;) nous nous bornons à répondre, qu'avenant, de la part de cette nouvelle Chambre, un nouveau refus de l'impôt, le ROI aurait encore le droit de la dissoudre, et que rien ne devrait l'empêcher d'user de ce droit.

Mais cette nouvelle Chambre dissoute, les Députés redeviennent simples citoyens, et le ROI, reste ce qu'il était, Chef suprême de l'État.

Il est vrai que n'y ayant point de Budget voté

pour l'année 1831 , les citoyens pourront se pré-
valoir de l'article 48 de la Charte pour se dispenser de payer un impôt qui n'aura pas été
consenti par les deux Chambres et sanctionné
par le ROI ; comme il est vrai que le ROI fera
alors les réglemens et ordonnances nécessaires
pour l'exécution des lois et la *sûreté* de l'État.
L'article 14 fait partie de la Charte , autant que
l'article 48.

Toutefois , que les citoyens se rassurent : en
pourvoyant à la *sûreté* de l'État, le Chef suprême
de l'État ne cessera pas d'être , à leur égard , ce
qu'un bon père de famille est à l'égard de ses
enfans.

Les Ministres du ROI ne leur feront point
violence ; ils n'auront pas recours aux coups
d'État ; ils n'établiront point des catégories de
suspects ou de traîtres ; ils ne feront embastiller
ni les Électeurs ni les Éligibles. Ils le feront d'autant moins , que la Gent libérale ne désirerait
rien tant que de le leur voir faire. Dussent tous
les Libéraux en sécher de dépit , ils n'auront
jamais l'occasion de dire que le serment de Reims
a été violé par le plus religieux des Princes ,
tant que les Conseillers de la Couronne seront
des hommes monarchiques.

Il s'agira uniquement , et dans les trois mois
de la dissolution de la seconde Chambre récal-

citrante , d'en convoquer une troisième. Alors les Journaux du Libéralisme jouiront encore de la liberté de la presse. Ils pourront crier tout à leur aise aux Électeurs de se rendre à leur poste. Ils pourront même leur indiquer pour candidats ceux qui se seront le plus distingués parmi les factieux.

Mais la question sera de savoir quels seront les Électeurs en 1831 , et quels seront les Éligibles.

Les articles 38 et 40 de la Charte sont là. D'après le premier de ces articles, il faut, pour être Éligible , être âgé de 40 ans , et payer 1000 francs de contribution directe ; d'après le second, il faut, pour être Électeur, payer 300 francs de contribution directe , et être âgé de 30 ans.

Or l'impôt n'étant ni établi par une loi , ni légalement perçu en 1831, par suite d'une fausse interprétation donnée à l'article 48 de la Charte, quels seront , aux termes des articles 38 et 40 de cette même Charte , les Éligibles et les Électeurs ?

Ici point de clameurs , point de divagations. Nous adjurons les Libéraux de nous répondre. Nous les sommons de le faire sans violer la Charte , sans témoigner qu'il leur en faudrait peu pour leur redonner une seconde fois l'envie de la fouler aux pieds en signant un nouvel *Acte additionnel.*

Vainement se réfugieraient-ils dans la permanence des Listes électorales. Encore que ces Listes soient permanentes, elles sont susceptibles d'une rectification annuelle. Quiconque a un cens inférieur à 3oo francs , doit en être éliminé ; car ce serait un faux Électeur. A plus forte raison faudrait-il en éliminer ceux dont le cens serait réduit à zéro.

D'autre part , ceux qui ont eu les conditions requises pour être Électeur , ne forment pas pour cela une corporation politique. Nul n'est et ne peut agir comme Électeur, que pendant la durée de la Session électorale.

En sorte qu'il est rigoureusement vrai, que, si le ROI ne peut se passer des Chambres pour obtenir l'impôt, les Électeurs et les Éligibles ne peuvent se passer d'impôt pour créer une Chambre.

L'impôt lie le ROI aux Chambres , et les Chambres au ROI. Mais le droit de dissoudre la Chambre des Députés , celui de créer de nouveaux Pairs , et celui de clore la Session législative, assurent au ROI la souveraine puissance, et ne permettent jamais aux Chambres de l'usurper. Point d'impôt : point d'Électeurs , point d'Éligibles , point de Députés. Voilà certainement une *vérité constitutionnelle*. Nous la livrons sans crainte aux *Constitutionnels* , qu'ils soient ou qu'ils ne soient pas Royalistes.

Nous ajoutons, avec la certitude qu'ils ne peuvent nous contredire ni donner à la Charte une interprétation contraire à la nôtre : S'il n'y a un Budget voté d'avance , il ne pourra y avoir ni Électeurs , ni Éligibles , ni Députés. Donc rejeter la proposition d'un Budget , c'est supprimer le Gouvernement du ROI, auquel on avait juré d'être fidèle ; c'est abolir la Charte à laquelle on avait juré d'obéir. Le refus de l'impôt n'est-il pas dès lors l'acte de la plus horrible et de la plus infame félonie ?

Mais poursuivons : il est maintenant plus clair que le jour, que ceux qui préconisent la Charte ne sont que des imposteurs et des hypocrites ; puisqu'en s'agitant de mille manières pour parvenir à faire rejeter le Budget de 1831 , ils ne peuvent parvenir qu'à replacer le ROI dans la même position dans laquelle il s'est trouvé avant le 4 juin 1814.

En 1814 , le ROI fit usage d'une sorte de puissance dictatoriale ; puissance inhérente à la qualité de Chef suprême de l'État , mais qui ne se déploie jamais que dans des circonstances analogues à celles dans lesquelles nous nous sommes trouvés au moment où la Charte fut octroyée.

Or ce cas se présenterait, si le refus de l'impôt , réduisant à zéro le cens électoral et celui d'éligibilité, il devenait impossible de former le troisième Corps qui participe à la confection des lois.

Néanmoins, il n'y aurait de détruit dans la Charte que ce qui a trait à la forme du Gouvernement, aux Chambres, aux Électeurs et aux Éligibles; et ce serait au ROI d'y pourvoir comme Chef suprême de l'État, en qui résident tous les pouvoirs nécessaires pour pourvoir à sa *sûreté*.

Une nouvelle Charte constitutionnelle étant devenue nécessaire, CHARLES X l'octroierait.

Si la sagesse royale, investie de la puissance dictatoriale et en faisant un usage incontestablement régulier et légitime, jugeait à propos de maintenir la forme actuelle du Gouvernement et de conserver les Chambres sans en créer une troisième ; elle aurait néanmoins à statuer sur la formation des Colléges électoraux, sur les conditions qui donneraient la qualité d'Électeur et d'Éligible, sur le nombre des Députés, sur le mode à suivre dans les délibérations, sur la quinquennalité ou la septennalité, sur le renouvellement intégral ou partiel, et généralement sur tout ce que la sûreté de l'État exigerait.

Tels seraient les résultats légitimes et vraiment constitutionnels qu'auraient le refus obstiné de voter l'impôt de la part de la Chambre des Députés, et le refus obstiné de changer le Ministère actuel de la part du ROI. Ces résultats ne sont certainement à redouter que pour les factieux. Mais ils n'auraient à les imputer qu'à leurs mutineries , qu'à leurs fureurs.

Vainement se flatteraient-ils qu'en refusant l'impôt , ils parviendraient à faire crouler la Monarchie. La France est essentiellement monarchique , et le ROI trouverait dans la bourse de ses sujets fidèles plus d'argent qu'il ne lui en faudrait pour pourvoir aux besoins les plus urgens , dans le cas où la voie des impôts ne pourrait être momentanément pratiquée. Dans ces occasions critiques , mais décisives , il y a , quoiqu'on en dise , un véritable esprit public en France. Au premier appel du ROI, tout ce qu'il a de sujets hommes d'honneur s'empresserait de lui offrir leurs biens et leurs vies. L'emprunt des cent millions , en 1815 , en est la preuve. Il ne fallut, pour le couvrir, que la parole du ROI qui n'avait jamais trompé personne.

Sauf les événemens , qu'il n'est pas donné â la prudence humaine de prévoir ni d'empêcher, voilà donc le moyen de sortir de la crise actuelle, sans user de violence , et sans employer aucune autre ressource que celles que donne la Charte (*).

(*) MM. les Rédacteurs de l'*Éclair*, rendant compte de notre brochure : *Droits constitutionnels des Évêques de France*, (Novem-

Le Ministère actuel, ce Ministère qui a rendu *ministériel* tout ce que la France renferme encore d'hommes monarchiques, sera donc le premier qui, en présence de nombreux ennemis, aura trouvé le moyen de les combattre avec succès, et sans avoir recours à aucune mesure inconstitutionnelle. Car nous espérons qu'il n'oubliera jamais qu'il y a dans la volonté de l'homme de bien une puissance entraînante, une force qui attire le vulgaire et qui surmonte les plus grands obstacles. Si le ROI persiste dans la volonté qu'il a manifestée, et que les Ministres qu'il s'est choisis ne dévient pas des principes qu'ils ont professés jusqu'à ce jour, la victoire ne saurait rester incertaine.

Et en effet : soit qu'en dépit des menaces par lesquelles on a essayé de leur faire peur, la majorité actuelle vote l'impôt ; soit que cette majorité le refuse ; il sera d'autant plus facile de faire cesser les préventions qu'on a suscitées contre lui, que les Français, attachés de bonne foi à nos institutions actuelles, auront lieu de reconnaître de plus en plus que ce Ministère ne s'écarte point des voies constitutionnelles, et

bre 1828) auraient désiré quelques remarques sur le sinistre article 48 de la Charte. Voilà ces remarques. On en conclura que cet article n'est sinistre qu'en tant qu'il est pris isolément, et qu'on s'en prévaut pour transporter la souveraineté dans la Chambre des Députés.

désavoue point par sa conduite des principes émis par l'un de ses membres , alors qu'il était à la tête de l'Opposition monarchique.

Ces préventions cesseront tout-à-fait , quand on verra dans ce Ministère la plus grande modération s'allier avec la force, et ces deux vertus présider en commun à la rédaction des projets de loi qui seront soumis à la délibération des Chambres.

Dès cet instant, la sécurité reparaîtra, les nuages que le Libéralisme a formés se dissiperont, et l'horizon politique en sera purgé pour long-temps.

Ainsi commencera à se développer cette Restauration nouvelle dont la formation du nouveau Ministère a été le germe.

Ainsi nous parviendrons à acclimater parmi nous le système représentatif qui nous convient: non l'anglicanisme et l'oligarchie souveraine du royaume-uni de la Grande-Bretagne ; mais une forme de Gouvernement adaptée au caractère Français , et non contraire aux monumens vénérables des siècles passés.

Ainsi nous aurons des maximes de droit public positivement reconnues, et desquelles il ne sera plus permis de s'écarter.

Ainsi la souveraineté résidera dans la personne du ROI , nullement dans la Chambre élective , ni dans la Magistrature.

Ainsi l'impôt que la Chambre élective devra voter la première, sera voté toujours sans pouvoir être rejeté, mais seulement réduit à la mesure des véritables besoins de l'État.

L'impôt est le lien qui attache le ROI aux Chambres, mais sans le mettre sous leur dépendance. Il est aussi le gage qui assure aux Français la jouissance de leurs droits constitutionnels, et qui doit rendre stable la forme du Gouvernement institué par la Charte. Ce sont là deux grandes vérités qu'on ne saurait trop méditer.

S'il m'est permis de former des vœux, et de dire ce que nous espérons du Ministère actuel, nous le dirons en peu de mots.

Nous espérons qu'il donnera la préférence, pour remplir les emplois vacans, aux citoyens qui, ayant d'ailleurs les qualités requises, ont déjà fait leurs preuves de fidélité ; que les faveurs et les préférences cesseront d'être scandaleusement prodiguées aux traîtres et aux félons, à ceux qui se sont montrés constamment opposés de principes et de conduite au rétablissement de la Monarchie légitime ; et qu'ainsi, l'oubli des torts et des votes sous les Gouvernemens transitoires cessera d'être une prime d'encouragement accordée aux suppôts de la Démocratie ou du Despotisme.

Nous voudrions encore qu'il fût honorable de vivre chrétiennement; que l'irréligion ni l'immoralité ne fussent en recommandation ni dans les Colléges électoraux ni dans les Bureaux ministériels; que le ROI de France exerçât sur la politique extérieure l'influence qu'il y doit avoir; que, comme étant le premier des Princes catholiques, il pût étendre les lumières de la civilisation chrétienne; et enfin, que l'éducation publique essentiellement religieuse et monarchique, en restant soumise à l'inspection du Gouvernement, ne contrariât plus la puissance paternelle dans ce qu'elle a de plus sacré.

Oui, telles sont les espérances que le nouveau Ministère nous a fait concevoir, et tels sont les vœux que nous formons pour lui. Nous ne craignons pas de les rendre publics, parce que nous avons la confiance qu'ils sont partagés par tous les hommes monarchiques, et que nous ne craignons pas de les soumettre à l'investigation des Libéraux. Nous ne craignons pas de nous déclarer pour le Ministère que le Libéralisme repousse. Nous croyons servir le ROI, servir l'État, en écrivant en sa faveur. Dans l'obscurité de notre retraite studieuse, qui pourrait nous empêcher d'avoir un cœur brûlant d'amour pour le ROI? d'employer toutes les facultés de notre esprit à la défense des principes monarchiques, et de concourir de toute l'exiguité de nos moyens au triomphe de la plus sainte des causes?

DIEU et le ROI! voilà notre devise. *Fais ton devoir, et advienne que pourra*, voilà la règle de notre conduite. Il y a long-temps que nous l'avons embrassée, que nous l'avons suivie avec une imperturbable ténacité. Atteint par de longues infortunes, et ne recherchant point les faveurs, on ne dira jamais que des vues d'intérêt personnel aient influé sur nos opinions.

NOTES.

(1) *La contre-révolution s'opère.....* N'est-ce pas une chose absurde et en même temps bien scélérate, que d'entreprendre d'exciter le peuple à la révolte, en lui disant que la contre-révolution s'opère? La contre-révolution s'est opérée, dès le jour où la Patrie compta dans son sein *un Français de plus.* Ce Français est actuellement CHARLES X *le Bien-aimé.* L'avez-vous jamais compté dans les rangs des révolutionnaires, vous qui feignez de le plaindre et de lui être dévoués, tandis que vous vomissez mille imprécations contre le Ministère de la Vendée et de Coblentz ?

(2) *L'Émigration et la Vendée s'emparent du pouvoir.....* Halte-là, sycophantes ! La Charte, article 1, déclare *les Français égaux devant la Loi.* Elle veut, article 3, qu'ils soient tous également admissibles aux emplois civils et militaires. Or, les Vendéens et même les Émigrés sont Français. Ils ne se sont pas emparés du pouvoir, ils n'ont fait qu'accepter des fonctions qui seraient non-seulement très-pénibles mais encore très-périlleuses, si cela dépendait de vous. C'est le ROI qui les y a nommés, et d'après l'article 14 de la Charte, le ROI nomme à tous les emplois d'administration publique. D'après la Charte, ce n'est pas aux Ministres responsables, mais au ROI qu'appartient cette nomination. La preuve en est, en ce que les articles 55 et 56 de la Charte ne donnent point à la Chambre des Députés le droit d'accuser un Ministre responsable, pour avoir contresigné une Ordonnance portant nomination d'un nouveau Ministère. Lisez la Charte, et méditez-la ; et apprenez que le ROI de France est quelque chose dans le Gouvernement.

(3) *Il y aura des Hampdens qui résisteront.....* Le *Journal des Débats* a l'honneur de l'invention ; mais le *Constitutionnel* a droit à

un brevet de perfectionnement. Hampden, s'il faut s'en rapporter à eux, était un Anglais du caractère le plus honorable, et qui eut le courage de résister tout seul à une taxe arbitraire. Il n'y a pas eu de pareils personnages en France, ni sous la Convention, ni sous le Directoire, ni sous l'Empire, mais il doit en apparaître incessamment. L'Association bretonne, si elle existe, ne sera composée que d'Hampdens. Mais on se garde bien de faire savoir à ceux qu'on excite à imiter ce personnage, qu'Hampden était un fameux républicain, le cousin germain de Cromwell qu'il devina et qu'il dévança dans la carrière du régicide, puisqu'il fut un des premiers à prendre les armes et à combattre son ROI. Français ! voulez-vous savoir ce qu'a de perfide et d'atroce l'invocation d'un futur Hampden ? Faites attention que le ROI qu'il combattit portait le même nom que votre Monarque bien-aimé ; et souvenez-vous que l'Angleterre s'est condamnée à une journée de deuil à perpétuité, parce que les Hampdens et les Cromwells se sont élevés dans son sein.

(4) *La Chambre des Députés sera reconnue sans contradiction comme souveraine.* C'est encore un point sur lequel le *Journal des Débats* a pris l'initiative. Si nous ne sommes plus au bon temps de la souveraineté du peuple, si le peuple souverain a donné sa démission, les *Représentans du peuple* n'ont pas donné la leur. Or, constitutionnellement parlant, rien ne ressemble davantage aux *Représentans du peuple* d'un temps qui n'est pas trop loin de nous, que les membres de la Chambre élective. Le malheur est qu'après avoir mis dans une Chambre la *souveraineté*, survient un Robespierre ou un Buonaparte qui l'escamote ; et qui, sans nier précisément qu'elle appartient au peuple, s'en sert et en dispose comme de sa chose propre, soit pour *abattre des têtes*, soit pour *manipuler de la chair à canon.*

(5) Malheur à lui ! *Malheureuse France ! Malheureux ROI !* s'est écrié avec un accent prophétique un ancien royaliste, le gérant responsable du *Journal des Débats.* Il croit apparemment que le

ROI serait bien heureux , s'il abandonnait la souveraineté à la Chambre élective. Nous osons espérer , en dépit de sa prophétie , que nous ne reverrons plus les horreurs de la Révolution, que les Saturnales du peuple souverain ne se renouvelleront plus , et que *les Représentans des cent jours* n'iront plus mendier un ROI quelconque auprès des Souverains de l'Europe , en jurant qu'ils ne se remettraient jamais que par force sous l'autorité d'un Bourbon , après avoir voté le bannissement à perpétuité de cette race antique et vénérée.

(6) *C'est ainsi que la Patrie sera sauvée.....* Les Libéraux ont imaginé une variante dans cette formule du temps de la République. Pour parler leur langage actuel, il aurait fallu dire, C'est ainsi que *le pays sera sauvé.* Nous préférons la *Patrie.* C'est quelque chose de plus doux. Le *pays* a pour nous quelque chose de rustre et d'acerbe.

www.ingramcontent.com/pod-product-compliance
Lightning Source LLC
Chambersburg PA
CBHW061122050726
47594CB00005B/2051